AF471654

Título

Ensaio Sobre a Vida do Infante D. Henrique

Copyright © 2014 Pedro Miguel Cruz

Autor

José Braz Pereira da Cruz

Capa

© Pedro Miguel Cruz

Revisão

Pedro Miguel Cruz

1ª edição em Janeiro de 2015

ISBN 978 - 1 - 312 – 88218 - 8

Ensaio Sobre a Vida do Infante D. Henrique

Autor

José Braz Pereira da Cruz

GALARDOADO COM O

Prémio

Henriquino

ATRIBUÍDO PELA MOCIDADE PORTUGUESA

Dedico este trabalho em homenagem aos meus pais

13-2-1960

PREFÁCIO

É a História a Mestra da Vida, como dizia Cícero. Mas não é só isso, que já é muito.

É também uma forma de comungar com o passado, de cujas raízes provimos, e assim nos embebermos do espírito que animou e orientou aqueles cujas glórias estudamos.

É por isso uma das mais belas e patrióticas formas de curiosidade intelectual, tanto mais patriótica quanto mais paixão pela Verdade se puser na investigação e quanto mais exemplares forem as pessoas e casos que estudamos.

A figura máscula do Navegador é daquelas que não só enchem um século, mas também são capazes de despertar na Juventude entusiasmos e nobres paixões. Tudo quanto se fizer para a trazer, sem a tirar do seu marco histórico, para o meio de nós, é meritória obra educativa e construtiva. Não será este, sem dúvida, o menor dos frutos das comemorações centenárias que estamos vivendo.

Foi por isso que, ao pedir-me o jovem autor do presente trabalho alguns elementos de consulta sobre o Infante D. Henrique, com prazer lhe puz à disposição os que no momento foram possíveis. Com prazer li o trabalho depois de feito. Com prazer soube do galardão que obteve no Concurso Henriquino da M. P. Com prazer agora escrevo estas palavras de elogio.

Não vou fazer a crítica do trabalho, direi apenas que conheço o Cruz desde há anos, sempre entusiasta dos estudos históricos. Permita Deus que esse entusiasmo não esmoreça, antes se confirme e que, algum dia, em lugar dum pequeno ensaio como este, se abalance a obra de maior folgo, mas em que, como aqui, ponha de parte pretensiosismos vãos e se deixe tomar apenas duma paixão - a Verdade.

25-VIII-1969

P. J. CABRITA

O Infante D. Henrique

Aclamado defensor e regedor do Reino, o Mestre de Avis, homem da visão larga e valiosa sabedoria, fez-se rodear de homens de sua inteira confiança para organizarem a defesa do Reino contra a invasão de Castela. Entre estes homens há que salientar D. Nuno Álvares Pereira e o Dr. João das Regras, os quais, um pelas armas e o outro pelo Direito souberam defender tão brilhantemente a legitimidade do Mestre como o verdadeiro sucessor da Coroa.

Todavia, há que salientar ainda o papel desempenhado pelo povo, isto é, a arraia-miúda, na causa da Revolução. Sem dúvida alguma, se não houvesse a ajuda dada pelo povo ao Mestre de Avis, nem este seria coroado Rei, nem D. Nuno Álvares Pereira teria podido vencer os castelhanos, nem o Dr. João das Regras teria oportunidade para o defender nas Cortes em que tão sábia e brilhantemente o fez.

Desta maneira, embora a maioria da nobreza e parte do clero se tivesse posto ao lado do rei de Castela, a Revolução pode triunfar, pois o povo sujeitando-se à fome e à sede, armando-se por sua conta, oferecendo ao Mestre tudo o que dispunha de valioso, desde os mais diversos mantimentos, dinheiro, etc., até ao próprio corpo cheio de fé e amor à Pátria, praticou actos de heroísmo e de abnegação que ainda hoje se admiram.

Ao casar com D. Filipa de Lencastre, filha do Duque de Lencastre, o Mestre de Avis deu o primeiro passo para a prosperidade que Portugal havia de possuir no séc. XVI.

Senhora de grande simplicidade e de profunda sabedoria esta mãe foi uma esposa exemplar e soube educar os seus filhos dentro de mais alta linhagem.

Da sua numerosa prole o filho mais notável foi sem dúvida, o quinto que, como varão, era o quarto - D. Henrique.

Nasceu o Infante D. Henrique no Porto a 4 de Março de 1394. Educado como todos os seus irmãos, desde os doze anos começou a mostrar tendências para grandes e altos feitos, sonhando com cavalarias novas que haviam de imortalizar Portugal.

Desde a sua infância mostra-se menos escrupuloso que D. Duarte e menos íntegro do que o seu antecessor, mostrava a força de um homem de acção, um pulso firme e uma rijeza tão grande no caminho que havia traçado, que faziam dele a primeira figura do reino, o príncipe mais escutado.

Votando-se à castidade por obediência aos planos que lhe enchiam o cérebro, mostrou desde sempre um temperamento de herói, próprio de homens da sua estirpe, que não podem voltar costas ao inimigo seja ele qual for, nem às dificuldades que lhes surjam por mais insensatas que lhe pareçam. Não há dúvida nenhuma que aquela geração de altos Infantes, homens em quem morava uma maravilhosa fortaleza, teve em D. Henrique o mais alto grau do seu significado, a mais alta fortaleza espiritual que se pode imaginar.

Senhor de uma vontade férrea e indomável, o malogro para ele não podia existir, pois a persistência de que era dotado sempre fez que alcançasse os seus fins.

Apaixonado pelas cousas marítimas desde a infância, possuía a visão de um homem invulgar, própria dos sábios. Os seus pensamentos dirigiam-se para muito longe da Pátria e começou desde logo a estudar a maneira de alcançar os fins com que tanto sonhava.

Aproveitando a favorável situação geográfica de Portugal, medidas anteriormente dadas para a valorização da marinha e sua posição como Grão-mestre da Ordem de Cristo, soube tirar o melhor proveito destas vantagens em favor dos seus desígnios.

Todavia o seu "querer" não poderia ser levado a bom termo enquanto os mouros dominassem o Mediterrâneo e o Norte de África, pois meter-se em tais empresas ficando com a mourama pelas costas, só com muita sorte e felicidade poderia vencer. Por isso era necessário quebrar a força do infiel e daí, surgiu a ideia de Ceuta. Mas seria realmente o

Infante quem insinuara a João Afonso de Azambuja a ideia de Ceuta?

Talvez sim, talvez não! O facto é que não se conhecendo ainda hoje completamente a política de D. João I, sabe-se todavia, que ele pensou em alargar o território português pelo Norte de África, deixando o Reino Mouro de Granada às ambições de Castela. Por outro lado o Infante D. Pedro efectuou uma série de viagens por toda a Europa e boa parte do Médio Oriente, que segundo uns foi por mero prazer e outros o mais largo e hábil trabalho diplomático daquela época.

Também o bom acolhimento dispensado aos Judeus pró D. João I serviu bastante o Infante D. Henrique, pois deles conseguiu valiosas e preciosas informações e uma grande colaboração para os seus planos universalistas. Ao fim e ao cabo, o facto é que a conquista de Ceuta, ganha para o Infante uma grande importância e juntando à causa política outras de não menos nomeada, torna esta sua ideia realidade.

Depois de associado ao governo com os seus irmãos, formando o Conselho de Estado, foi-lhe mais tarde, devido ao seu interesse pelos assuntos marroquinos, confiada a direcção dos negócios de África que ele não mais abandonou até 1450, durante trinta e cinco anos. Desta maneira tinha o primeiro caminho aberto para os seus desígnios, abrir a Portugal as portas doiradas do Oriente, onde havia os cristãos do Preste João e de onde vinham as especiarias, os tecidos preciosos, o ouro e uma infinidade de produtos que as caravanas arrastavam através do deserto, desde o Mar Roxo, pelo Egipto, Tripolitana e Argel, até Ceuta e Fez em Marrocos. Ceuta, no pensamento do Infante era a chave que havia de abrir a Portugal o caminho de África, e ao mesmo tempo o baluarte que faria tremer e abalar o império Marroquino no Norte de África. No País, contudo, nem todos eram favoráveis ao Infante, pois achavam a empresa de certo modo temerária, e além disso, Portugal ainda não estava completamente refeito das lutas com Castela. Muitos pensavam pois, que se deveria aguardar mais algum tempo ou então arremeter contra o rei mouro de Granada. Todavia o Mestre de Avis havia-se comprometido com o rei de Castela em não guerrear aquele reino, deixando isso aos cuidados de Castela. Ao fim e ao cabo, feito o estudo da situação, decidiu-se ir a Ceuta, tendo o Infante D. Henrique desempenhado papel preponderante para que fosse essa a solução.

Partiu a armada da foz do Tejo poucos dias depois da morte da rainha D. Filipa. Não impediu a sua morte que aquela "Ínclita Geração" seguisse o seu destino, pois acima de tudo e de todos imperavam os altos interesses da Nação e, o trabalho que tinha dado a preparação da armada, não deveria cair por terra apenas por causa de uma morte, embora essa morte fosse a da rainha e, além do mais, fora ela própria que na hora da morte insistira com os filhos para que partissem e fossem senhores de grandes e altos feitos, mandando fazer as espadas com que D. João I os armou cavaleiros em Ceuta, depois da conquista.

No meio daquela enorme expedição os soldados que o Infante levara por sua conta, distinguiam-se entre todos os outros. Os seus navios embandeirados com pendões e balsões ostentando as cores preta e branca e mote do Infante levavam uma tripulação uniformizada e nas coberturas avultava a famosa divisa "Talent de Bien Faire" que traduzida significa não a ciência de proceder com acerto, mas sim a vontade de obrar com justiça, (a moda das divisas havia sido introduzida em Portugal pelo casamento de D. João I com D. Filipa).

Conquistada Ceuta, Portugal deixou admirada a Europa, alegre Roma, cansada a fama e só triste a inveja.

Depois de regressar vitorioso e tão distinguido pelos actos de bravura de que deu provas durante a peleja, recebe o Infante convites de vários monarcas europeus para ir chefiar as suas tropas (entre os quais Segismundo da Alemanha e Henrique V de Inglaterra), mas senhor de pensamentos mais altos não aceitou tão honrosos convites pois as suas ambições não se encontravam no fragor das batalhas.

É depois da conquista de Ceuta que D. Henrique se lança decididamente na empresa dos descobrimentos estabelecendo-se para isso, no Promontório de Sagres, junto ao Cabo S. Vicente, nessa Sagres quase nua de vegetação, onde os ventos batiam com denodo fazendo estremecer a casa do Infante com os seus sons lúgubres e apocalípticos, fundando aí uma escola de navegação, um observatório astronómico e estaleiros para construções de navios. Chamou do estrangeiro cosmógrafos e matemáticos ilustres e, com eles e alguns cavaleiros da sua casa se entregou ao estudo das cartas marítimas.

Foi também, por vontade própria o protector da Universidade fazendo-lhe uma doação de casas em 1431 destinadas "para as sete artes liberais - gramática, lógica, retórica, aritmética, música, geometria e astrologia, - e ainda para Medicina, Teologia, Decretos, Filosofia Natural, Moral e Leis."

Estabelecidos em Sagres, manda povoar aquela terra, fazê-la renascer, dando-lhe o nome de Vila do Infante.

Iniciados os descobrimentos, ordena a Gonçalo Velho em 1416 que se aventure para além das Canárias, a fim de "saber a causa de tão grande corrente", isto é, a fim de colher elementos para o estudo das cartas marítimas.

Em 1418 ao regressar da sua segunda viagem a Ceuta completara já os vinte e quatro anos, encontrava-se na plenitude das suas forças, era alto e corpulento, de largos e fortes membros, tinha a pele tostada pelos sóis e fortes ventanias, os cabelos eram negros e espessos, tinha um bigode farto e negro, "faltando-lhe no entanto na fisionomia o encanto da bondade, sem a qual não há formosura". Desta descrição pode concluir-se que devia ser uma pessoa antipática, dura, enérgica e vigorosa e sobretudo de grande teimosia.

A sua casa estava aberta a todos os que queriam cooperar com ele, especialmente aos estrangeiros, aos quais dava mais acolhimento de que aos nacionais, chamando-os para que nos viessem ensinar todos os seus segredos e conhecimentos sobre a arte de marear, pois tudo por mais insignificante que fosse era necessário para o bom desempenho da missão em que estava empenhado.

Com as informações trazidas dos mouros de Marrocos o seu primeiro plano consistia em reconhecer a costa africana para Sul por meio de expedições marítimas. Certo dia mandou uma barca que partisse para o Sul para saber a verdade sobre o que ouvira acerca dos árabes do deserto e dos reinos dos Jolofos, perto da Guiné. Contudo, devido ao mau tempo e a correntes ainda desconhecidas a barca foi lançada pelo mar revolto, a uma ilha a que foi dada o nome de Porto Santo.

Este resultado era imprevisto e veio perturbar o Infante que mandou uma segunda expedição chefiada por João Gonçalves Zarco e Bartolomeu Perestrelo, os quais depois de tocarem em Porto Santo descobrem a Ilha da Madeira.

Mas, os recursos de que se tem valido até aqui não lhe chegam para as suas empresas e o Estado não está em condições de o ajudar. No entanto ainda em data duvidosa, possivelmente 1417 ou 1418, foi o Infante nomeado Grão-mestre da Ordem de Cristo, por morte de D. Lopo Dias de Sousa. Vendo aqui o meio pelo qual pode tirar grande proveito para os seus altos voos, quebra a letra austera dos estatutos desta Ordem entrando no seu governo sem fazer profissão "porque sendo professo nela, com o voto de pobreza não podia possuir o Ducado de Viseu e os mais senhorios". Embora o Papa Eugénio IV lhe concedesse por Bula, que "pudesse comer do Ducado, sendo freire" ele não aceitou, pois o seu pensamento reformador da Ordem estava já gravado na sua mente, quando tomou posse do seu governo.

A base dessa reforma consistia em libertar os cavaleiros dos votos de pobreza e castidade, tornando a Ordem, independente do Abade de Alcobaça e concedendo aos seus membros, privilégios e regalias que os Templários desfrutavam, reforma esta que teve a autorização do Papa e em que colaborou intensamente Mestre João, depois Bispo de Viseu. Com esta inovação, ficou a Ordem liberta da Regra de Calatrava e do Abade de Alcobaça e à disposição do Infante para os planos que superiormente dirigia.

Surgem então às suas ordens, legiões de soldados, marinheiros, comerciantes, etc., que haviam de tornar a Ordem de Cristo na maior empresa ao serviço da causa do Infante, que o mundo conheceu. Foi assim que, só D. Henrique com a sua inquebrantável coragem moral, tornou possível um sonho grandioso que a todos parecia superior às forças da Nação. Sob o seu governo a Ordem tornou-se riquíssima chegando a rivalizar com o próprio Estado e no seu período áureo podem ver-se as riquezas que o Infante possuía, juntamente com as da Ordem:

O Ducado de Viseu e o Senhorio da Covilhã e das ilhas da Madeira e Porto Santo; o privilégio exclusivo da navegação para além do Cabo Bojador, o quinto das mercadorias dali vindas e o dízimo fiscal de todas elas; o exclusivo da venda e fabrico do sabão preto e branco em todo o País e o da pesca do atum no Algarve; é o fronteiro-mor da Beira, senhor da vila de Gouveia, herdeiro de bens confiscados aos que estiveram em Alfarrobeira com D. Pedro, e administrador da Ordem de Avis; possui herdades em Golfar e no Termo de Penela; lograva os tributos das vilas de Lagos e Alvor de que tinha a jurisdição e o senhorio;

detinha o exclusivo da pesca do coral e pertencia-lhe a alcaidaria dos castelos da Guarda e Marvão; é autorizado por D. Afonso V a fazer canais e estacadas no Ródão para reter o peixe; a construir na Alcáçova de Santarém quantos moinhos de vento lhe aprouvessem, assim como no Tejo, sobre barcas; e alcança do mesmo monarca o exclusivo de engenhos para tinturas de anil; finalmente, é a seu pedido que se fundam as feiras francas de Tarouca, Pombal, Viseu e Tomar, concedendo-se aos feirantes, para os atrair, os mais interessantes privilégios.

Toda esta actividade comercial e industrial não impediram que ele morresse empenhado, pois nunca conheceu ao dinheiro outro valor que não fosse o de fomentar o bem comum.

Após a morte de D. João I, o Infante D. Henrique que não convencera o pai a conquistar Tânger, precipitou-se sobre seu irmão, o agora rei D. Duarte, para que se fizesse a conquista daquela praça aos mouros. Embora o monarca não seja de opinião que se faça tal empresa, D. Henrique consegue convencê-lo por intermédio da rainha que o tinha em grande estima.

Feitos os preparativos a armada partiu e a 22 de Setembro de 1437 dá-se o primeiro assalto à fortaleza que foi repelido como haviam de ser todos os outros. Ao fim de quase um mês de luta os Portugueses vêem-se obrigados a desistir da contenda pois haviam passado de sitiantes a sitiados, resultando esta expedição num verdadeiro desastre, tendo ficado o príncipe D. Fernando como refém, para uma eventual troca com a praça de Ceuta. Todavia esta troca nunca se deu, porque assim se decidiu na corte, de certa maneira influenciada por D. Henrique o qual era de opinião que assim se procedesse, podendo ver-se o seu pensamento sobre esta questão, numa entrevista que teve com seu irmão El-Rei D. Duarte depois da sua vinda de Tânger: - dizia ele que, "quando insistira para ficar em refém como D. Fernando ficara, não fora outro seu propósito e fundamento salvo em não consentir que Ceuta se desse aos inimigos por ele, e que folgara dar por isso a Deus a vida e a liberdade em oferta.

Eis aqui, bem expresso, o gigante em toda a sua grandeza! Eis aqui em corpo e alma, o homem ao serviço da humanidade transcendendo a própria carne, o sangue e o coração.

Esmagado por esta catástrofe, perseguido pelas sombras do rei que matara, inquieto ao recordar a vida miserável e de sofrimento que seu irmão estava a passar nas masmorras do mouro de Fez, só em si encontrava forças para reagir e continuar a lutar por aquilo que sempre o prendera. Aplicando então todos os cuidados à navegação, pediu o Infante ao Papa que as terras descobertas fossem doadas à coroa Portuguesa e repartidos os rendimentos eclesiásticos com a Ordem de Cristo, pedido este, que foi confirmado pelo Papa.

Vivendo dia e noite, entristecido e atónito, olhar penetrante, parecendo um gigante tentando remover as mais grandiosas dificuldades, considerava o povo "que os grandes trabalhos deste Príncipe quebrantavam as altezas dos montes"; "Cobiçoso de acabar grandes e altos feitos, grande amor houve sempre à cousa pública destes Reinos", e "geralmente era amado de todos, porque quási a todos aproveitava e a nenhum empecia". "Em seus trabalhos e paixões era mui sofrido e senhor de si"; "constante nas adversidades e nas prosperidades humildoso". "Fortaleza de coração e agudeza de engenho foram em ele mui excelente grau"; "duvidoso seria de contar quantos pares de noutes seus olhos não conheceram sono"..."tanta era a continuação do sei trabalho". "Foi homem de grande conselho e autoridade, avisado e de boa memória", ou como diz João de Barros, "teve grande memória e conselho acerca dos negócios e muita autoridade para os graves e de muito peso". "Havia o gesto assossegado e a palavra mansa. Nunca em ele foi conhecido ódio nem má vontade contra pessoa alguma, por grave erro que fizesse". Era tanta a sua benignidade que por ela "o reprochavam os entendidos" de falecer "na justiça distributiva", e Zurara declara que " este só falecimento achei que vos dele escrever". Diz Frei Luis de Sousa que vivendo em perpétua continência, vida solitária e filosófica era príncipe muito mavioso para os criados.

Abstémio e casto, muita pequena parte da sua vida bebeu vinho; "luxúria nem avareza, nunca em seu peito houveram repouso", tendo passado toda a sua vida "em limpa castidade, e assim virgem o recebeu a terra".

Durante mais de vinte anos sacrificou a sua fortuna e a da Ordem, assim como os seus homens à causa dos descobrimentos, não ligando às lendas e superstições que corriam no tempo a respeito da Terra e do Cabo Bojador onde os marinheiros temiam aventurar-se, resolvendo primeiro as dificuldades de ordem técnica que não permitiam até então aos marinheiros afastarem-se da costa pois não sabiam determinar com rigor a posição de um navio sobre o Grande Oceano. A bússola conhecida desde o séc. XIII, o astrolábio, inventado pelos árabes e usado para o cálculo das latitudes, não bastavam para a navegação no Atlântico, onde mudava a declinação magnética. Por outro lado a maneira como os navios eram construídos também não servia para as viagens de longo curso e o desconhecimento das marés, correntes, ventos, de igual modo tornaram as travessias oceânicas perigosas e difíceis.

Todas estas dificuldades foram estudadas pelos homens do Infante, tendo os Judeus desempenhado papel preponderante, traduzindo para Latim, Hebreu e Espanhol os grandes tratados dos astrónomos árabes, fomentando os estudos astrológicos e dando um novo impulso aos estudos matemáticos; assim nas suas obras podem ver-se estudos sobre instrumentos de observação, tábuas astronómicas de longitudes solares, comentários e conselhos sobre a declinação, eclipses, conjunções, oposições, etc.

Desta maneira surgem o quadrante náutico e o astrolábio e mais tarde a Balestilha.

Foram pois os portugueses, os criadores da ciência astronáutica e as provas destes estudos estão em obras Portuguesas, tais como: "O Regimento do Estrolábio e do Quadrante (edição de Munich); o "Esmeraldo de Situ Orbis" de Duarte Pacheco Pereira; o "Livro da Marinharia", de João de Lisboa, "Roteiros" de D. João de Castro, etc.

Na posse dos conhecimentos e informações de que necessitava, ordena em 1434, ao seu escudeiro Gil Eanes que partisse e passasse o Cabo Bojador, o qual de grande afoiteza e temeridade, não olhando ao perigo e aos riscos que corria, assim o fez, não encontrando as coisas, como ele e os outros pensavam.

Após este feito, a lenda do Mar Tenebroso estava desfeita e os estudos do Infante, coroados de completo êxito.

Morreu o Infante D. Henrique em 1460, deixando reconhecida a costa africana até à Serra Leoa e preparado o grande feito que Vasco da Gama realizou trinta e dois anos depois, após o pensamento do Infante ter sido restaurado por D. João II, pois D. Afonso V, com a sua energia estouvada apenas realizou metade dos planos de D. Henrique, - a conquista de Marrocos.

A Vila do Infante caiu em ruínas, mas o seu plano, esse, germinado como uma planta na terra própria, adequada ao seu desenvolvimento, não podia morrer, e assim este povo de marinheiros gloriosos e de fé inquebrantável é o primeiro a saber como acaba a África e onde ficam as Índias mais o doirado reino do Prestes João.

Deve a Humanidade a este homem, que é símbolo de virtudes, que viveu sempre dentro da mais rija disciplina e obediência aos seus superiores e que pela sua vida austera e espírito de sacrifício que levou, própria dos grandes sábios, a sorte de ter voltado a face do mundo, dando a este a salvação de milhares de almas que até então viviam na mais completa obscuridade, levando vida selvática, própria de animais sem razão e não de seres humanos.

E que dizer do que lhe devem os Portugueses?

Recordemos apenas o pedido de Zurara:

- *Ó vós, bem aventurados Reis, que depois de sua morte possuirdes a real seeda que foi de seus avós, eu vos rogo que a sepultura deste tão grande e tão honrado Duque hajais sempre em vossa especial lembrança, pois o esplendor de suas virtudes é gram parte de vossa honra*".

FIM

TALENT DE BIEN FAIRE

www.ingramcontent.com/pod-product-compliance
Ingram Content Group UK Ltd.
Pitfield, Milton Keynes, MK11 3LW, UK
UKHW041901190726
13854UKWH00003B/1015